FASES
DE POESIAS

Editora Appris Ltda.
1.ª Edição - Copyright© 2022 da autora
Direitos de Edição Reservados à Editora Appris Ltda.

Catalogação na Fonte
Elaborado por: Josefina A. S. Guedes
Bibliotecária CRB 9/870

F363f
2022
	Fernandes, Talita da Silva
	    Fases de poesias / Talita da Silva Fernandes. - 1. ed. - Curitiba : Appris, 2022.
	    67 p. ; 21 cm.
	
	    Inclui bibliografia.
	    ISBN 978-65-250-2123-2
	
	    1. Poesia brasileira. 2. Pensamentos. I. Título.
	
	                                                              CDD – 869.1

Editora e Livraria Appris Ltda.
Av. Manoel Ribas, 2265 – Mercês
Curitiba/PR – CEP: 80810-002
Tel. (41) 3156 - 4731
www.editoraappris.com.br

Printed in Brazil
Impresso no Brasil

Talita da Silva Fernandes

FASES
DE POESIAS

FICHA TÉCNICA

EDITORIAL	Augusto V. de A. Coelho
	Marli Caetano
	Sara C. de Andrade Coelho
COMITÊ EDITORIAL	Andréa Barbosa Gouveia (UFPR)
	Jacques de Lima Ferreira (UP)
	Marilda Aparecida Behrens (PUCPR)
	Ana El Achkar (UNIVERSO/RJ)
	Conrado Moreira Mendes (PUC-MG)
	Eliete Correia dos Santos (UEPB)
	Fabiano Santos (UERJ/IESP)
	Francinete Fernandes de Sousa (UEPB)
	Francisco Carlos Duarte (PUCPR)
	Francisco de Assis (Fiam-Faam, SP, Brasil)
	Juliana Reichert Assunção Tonelli (UEL)
	Maria Aparecida Barbosa (USP)
	Maria Helena Zamora (PUC-Rio)
	Maria Margarida de Andrade (Umack)
	Roque Ismael da Costa Güllich (UFFS)
	Toni Reis (UFPR)
	Valdomiro de Oliveira (UFPR)
	Valério Brusamolin (IFPR)
ASSESSORIA EDITORIAL	João Simino
REVISÃO	Cassandra Dittmar Debiasi
PRODUÇÃO EDITORIAL	Isabela Calegari
DIAGRAMAÇÃO	Mayra Almeida
CAPA	Sheila Alves
COMUNICAÇÃO	Carlos Eduardo Pereira
	Débora Nazário
	Karla Pipolo Olegário
LIVRARIAS E EVENTOS	Estevão Misael
GERÊNCIA DE FINANÇAS	Selma Maria Fernandes do Valle

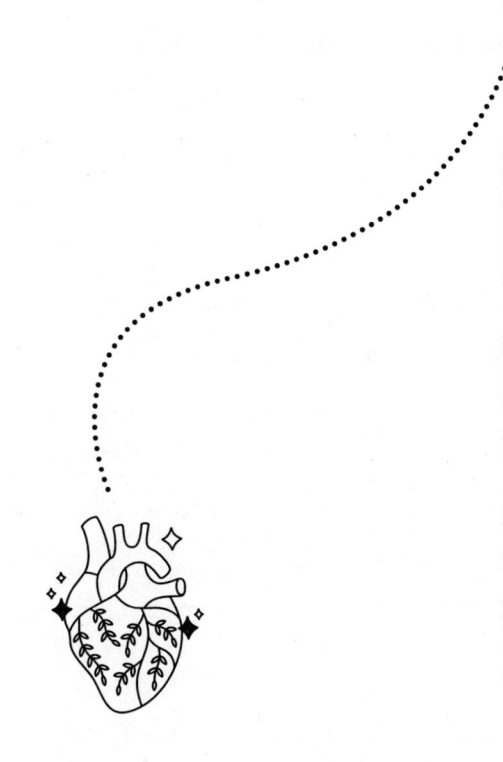

À minha mãe, Giovania, à minha avó Dalva,
e a todos que ajudaram com ideias de temas.

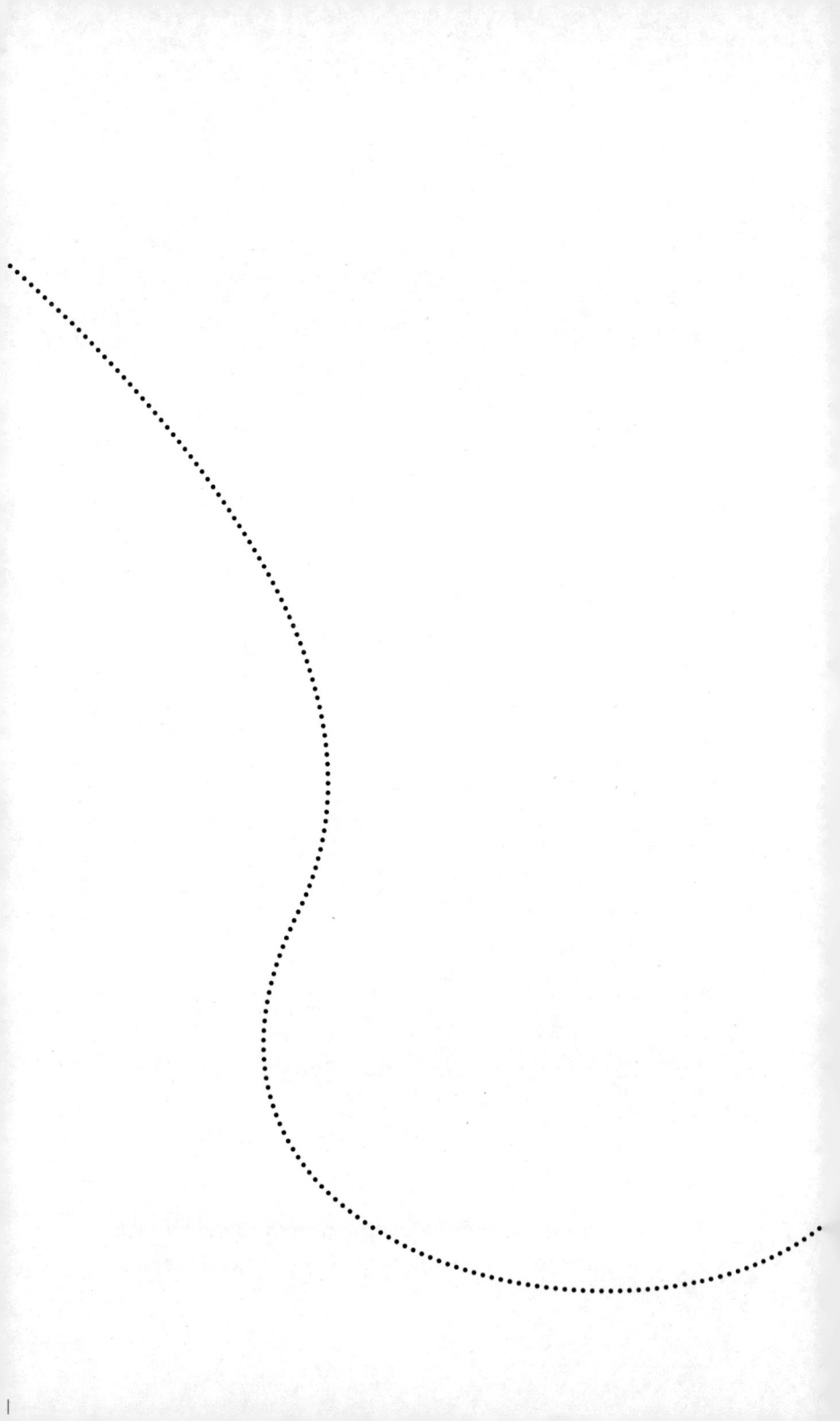

Agradecimentos

Agradeço primeiro a Deus, por me dar essa oportunidade; à minha mãe, Giovania; à minha avó Dalva; ao meu médico, Dr. Márcio Marcelino; a meu pai, Geraldo (*in memoriam*), que era meu exemplo.

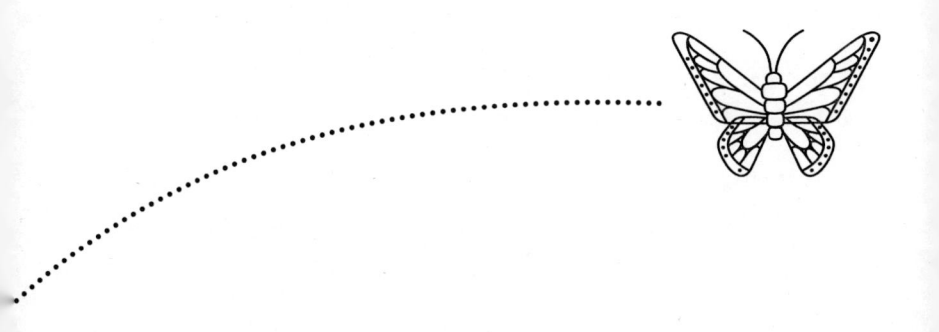

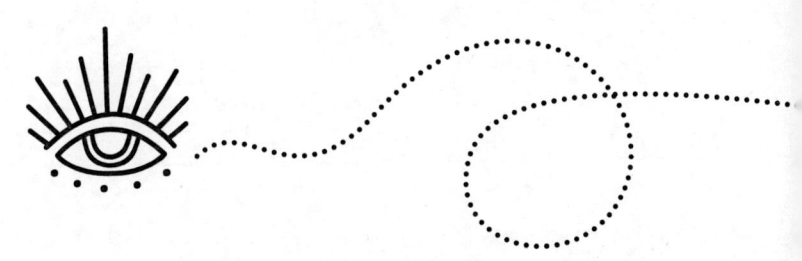

Se tem um sonho, uma meta, nunca pense em desistir,
vá em frente, lute, sempre a persistir.

(Talita da Silva Fernandes)

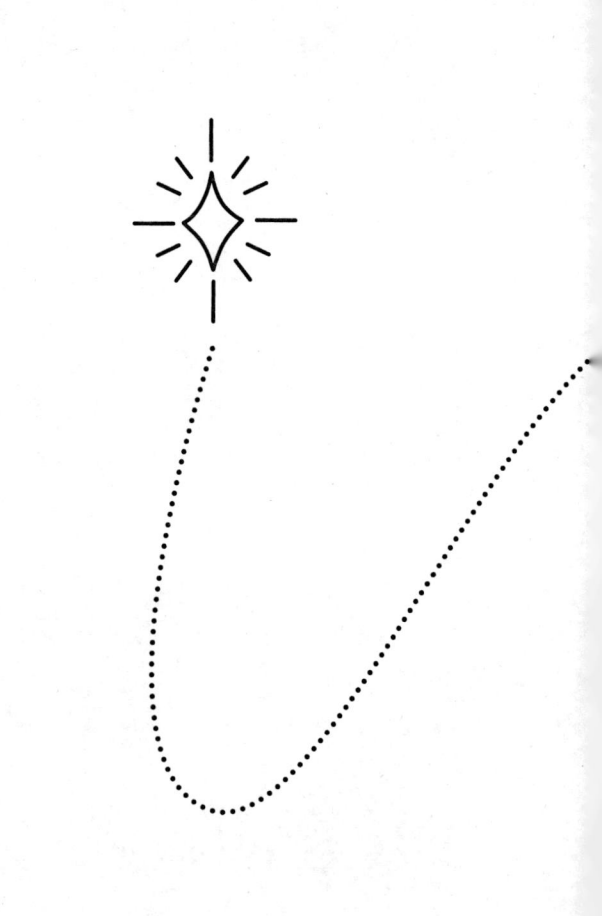

Apresentação

Talita fez essas poesias, pois aí encontrou um pedacinho de si, quis passar sua visão de coisas que muitas vezes estão ao nosso redor e não percebemos. As poesias são uma maneira de se expressar por versos e estrofes que podem ajudar a melhorar um pensamento ou até mesmo fazer o dia de alguém melhor. As poesias podem dar um sentimento de alívio, ou fazerem você soltar um sorriso. Mas, como nem tudo são flores, Talita também se expressou em seus dias melancólicos. Quis expressar sua tristeza ou decepção por meio dos versos. No livro *Fases de poesias,* há de tudo um pouco.

Sumário

1

Recomeço

Recomeço pode fazer algo dar certo,
só há de se fazer tudo correto.
Recomeço é dar outra chance pra vida,
olhar para frente e manter a cabeça erguida.

Não olhe pro passado como algo errado,
olhe como aprendizado.
Recomeço não é atraso,
ele pode ser um belo arraso.

Pense no futuro,
pois fazendo isso vai estar seguro.
Olhe para frente,
e nunca deixe de ter o coração quente.

Recomeço pode ser a salvação,
pois tudo que se tenta com vontade não é em vão.
Não desista de algo que quer conquistar,
só persista se quiser alcançar.

2

Amizade, irmandade, eternidade

Há muito o que se falar de amizade e eternidade,
pois quando consideramos uma pessoa sabemos que é
de verdade.
Tenho muito o que falar sobre essa pessoa especial.

Você é muito importante,
quero você por perto a todo instante.
És minha irmã de coração,
jamais quero te deixar na mão.

Estou aqui pro que precisar,
saibas que comigo podes contar.
Queria te pedir perdão,
porque sua amizade nunca foi em vão.

Pra mim ela seria eterna,
e não viraria uma baderna.
Obrigado por existir
e nunca desistir.

3

Amor e ódio

Odiar pode ser amar,
disso não podemos duvidar.
Ódio é algo ruim,
mas não quando te quero perto de mim.

Pode ser amor quando estamos brigando?
Ou pode ser um disfarce quando estamos amando?
Amar também é provocar,
mas amo te aturar.

Quero estar perto de ti a todo instante,
só que não é algo preocupante.
Tem dias que nem sua cara quero ver,
que é algo difícil de entender.

Me preocupo contigo,
te quero de novo, será que é possível?
Só quero lhe falar,
nunca deixe de me amar.

4

Felicidade verdadeira

O que é felicidade verdadeira?
Não é ser feliz de qualquer maneira.
Felicidade é algo que toca o coração,
pode ser até uma bela emoção.

Feliz é quem valoriza cada momento,
temos que sorrir e aproveitar o sentimento.
Nunca penses negativo,
tente ser alguém ativo.

Corra atrás do que quer,
sempre com força e fé.
Nunca abaixe a cabeça,
e não deixe que nada pereça.

A verdadeira felicidade é algo importante,
e tem que ser algo constante.
Ser feliz é representar algo bom,
tudo com um belo tom.

5

Desistir

Se tens um sonho, uma meta, nunca penses em desistir,
vá em frente, lute, sempre a persistir.
Vai haver algumas barreiras para enfrentar,
e conseguirá superar.

Quando se tem Fé, tudo se torna possível,
e aquilo que sonhas vai se tornar previsível.
Se pensares em desistir,
dá meia-volta e não deixes de sorrir.

Quando vencer, vai ser muito bom,
e tudo irá soar num belo tom.

Segue o caminho com a cabeça erguida,
e depois verás se realizar tua meta persistida.

Com as pessoas que amas por perto,
tudo irá dar certo.
Não deixes sua fé de lado,
senão algo pode dar errado.

6

Menina sereia

Menina sereia é aquela que muitos amam,
e só pelo seu olho, seu olhar, se encantam.
Linda como a flor, intensa como o mar,
quem vê seu sorriso tem que saber valorizar.

É difícil encontrar algum defeito,
quase tudo é perfeito.
Uma garota espetacular
que é difícil de encontrar.

Melhor pessoa,
nem precisa de coroa.
Toda sereia tem seus encantos,
e os seus são tantos.

Muitos queriam ter uma pessoa como você,
depois que conhecem, impossível de esquecer.
Você é muito importante,
lembre-se disso a todo instante.

7

Sonhar

Não deixe de sonhar por achar que não vai acontecer,
só basta acreditar e deixar a fé permanecer.
Tudo acontece no tempo de Deus,
ele tem o certo para os seus.

Sabe aquele sonho maluco que quer realizar?
Persista, persista até alcançar.
Nada que é fácil é justo,
se tiver coragem desenterre aquele sonho oculto.

Tudo é questão de perspectiva,
perceba o que há de bom em sua vida.
Não desista daquela meta,
pois é com ela que o sonho se completa.

Há quem diga que os sonhos são besteira,
mal sabem eles que pode ser a felicidade verdadeira.
Sonhar é algo importante,
e quando se realizar lembre-se o quanto foi perseverante.

8
Solidão

Às vezes, ficar sozinho pode ser bom,
mas a solidão pode soar naquele destom.
Precisamos tirar um tempo para si,
assim percebes o que há de bom para ti.

Tente não se magoar quando senti-la chegando,
tudo que tu fez de bom vai estar voltando.
A solidão pode ser uma prova,
e quando ela acabar, tudo se renova.

Todos um dia vão por isso,
só que não mantenhas o foco nisso.
Nesta etapa precisas ser forte,
porque lá na frente vai ter algo que o conforte.

Mesmo que seja difícil, não desista,
vá em frente e persista.
Tudo que acontece algo nos ensina,
e na vitória vai ser aquilo que nos fascina.

9

Nunca

Dizer nunca pode ser precipitado,
mas diga nunca pro errado.
Não deixe de fazer o que gosta,
e lembre-se que pode ser a melhor proposta.

Quando sorrir,
algo bom está por vir.
A melhor forma de agir
é nunca deixar a alegria cair.

Nunca desista do que quer conquistar,
assim conseguirá alcançar.
Não deixe de amar por uma decepção,
tem sempre um lugar pra pessoa certa aquecer seu coração.

Seu jeitinho de viver é o melhor,
nunca mude ele para algo pior.
Alguém disse que aquele sonho não iria realizar,
se acalme pois depois terá o testemunho para contar.

10

Debaixo de chuva

Debaixo de chuva te conheci,
foi aí que nunca te esqueci.
Tudo pode acontecer do dia pra noite.
Só que nunca sonhei que isso aconteceria.

Admiro como nosso amor tem crescido,
em tão pouco que nós temos construído.
Foi debaixo de chuva que vi como o amor pode ser verdadeiro,
e aquilo que planejas acontece no momento certeiro.

Acho que nunca imaginei viver isso com alguém,
porque os outros me fizeram de refém.
Debaixo de chuva pode haver aquela estrela iluminada,
que mostra para ti que não é o fim da jornada.

Você me fez acreditar naquilo que para mim estava perdido,
mas abri meu coração e vi que era algo que precisava ser
reconstruído.
Só tenho a agradecer por aquela chuva que Deus mandou,
pois vemos que foi na tempestade que o amor se formou.

TALITA FERNANDES

11

Permita-se

Na vida temos que nos permitir viver aventuras,
não podemos deixar que prevaleçam as amarguras.
Mantenha o foco no caminho certo,
você sentirá qual é o correto.

Pois o que é bom para ti vai vir imenso.
Acredita que tudo que fazes tem o retorno,
mas logo ali haverá algo novo.

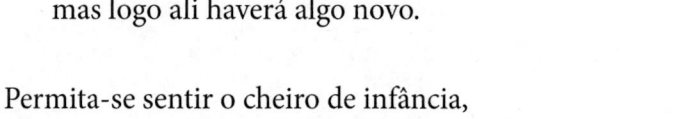

Permita-se sentir o cheiro de infância,
e deixe de lado aquela inútil arrogância.
Vá e permita-se ser feliz,
e lembre-se que a felicidade está por um triz.

Permita-se sentir o que realmente é bom,
antes de tudo mostre pro mundo seu dom.
Permita-se lembrar de tudo que viveu,
aproveite o bom e o melhor, pois ainda não morreu.

12

Rejeição

Rejeição é uma coisa triste,
mas infelizmente ela existe.
Se alguém já fez isso com você algum dia,
torça para que ela tenha uma melhoria.

É difícil a ficha cair quando te rejeitam,
entretanto o bom é ver os que te aceitam.
Quem te ama não olha o teu defeito,
ele simplesmente deixa o amor invadir seu peito.

Às vezes, corremos atrás da humilhação,
e quem te humilha pode cair até então.
Achas que estão te rejeitando?
se afasta e não fiques ligando.

Pense que quem te rejeitou que perdeu,
desses tempos pra cá você só cresceu.
A vitória vai vir,
e eles vão o ver sorrir.

13

Saudade

Sabe aquela saudade?
É bom ou ruim quando ela bate?
Sinto falta daquele sorriso,
que quando você dava era meu paraíso.

Tem aquele momento especial que nunca volta,
que é algo que revolta.
Já que aproveitou tudo com vontade,
sabe o que é ser feliz de verdade.

Deus pode confortar seu coração,
pois ele sabe que a saudade deixada não foi em vão.
Aproveite tudo a todo momento,
junto com um grande discernimento.

Saudades sempre vai ter,
porque tudo que viveu não é nada fácil esquecer.
Lembre-se que sua saudade pode estar feliz,
mesmo deixando aquela cicatriz.

14

Entender o coração

Coração,
um sistema avulso, complicada a compreensão,
ele bate 104 mil vezes por dia,
mas se te ouvisse te reconheceria.

Eu mesmo não o entendo,
queria saber por que ele está doendo.
Dias sem te ver,
que é o que nos faz sofrer.

Coração, coração por que me deixas na mão?
Pra me arranjar mais confusão?
Tento esquecer quem me magoou,
porém só é fácil para quem o largou.

Vamos ver se ele é esperto
para discernir quem são os de verdade por perto.
Muitas vezes ele pode te pôr em uma enrascada,
mas não caia em seu papo de mão beijada.

15

Para pra pensar

Já parou para pensar como podemos ser felizes?
E podemos ser sem muitas cicatrizes.
Antes de nos conhecermos nos esbarramos e nem sabemos,
que é somente o tempo para compreendermos.

Tudo tem seu local, data e hora,
e a partir daquele instante que em meu coração tu moras.
Nada acontece por acidente,
há sempre uma explicação permanente.

Para pra pensar como nosso amor cresceu,
e é de admirar como ele floresceu.
Agradeço por tudo que passamos,
cada batalha fez-me perceber o quanto mais nos amamos.

Paramos e pensamos,
e de tudo até nos orgulhamos.
Temos que agradecer,
principalmente a Deus por nos dar esse prazer!

16

Cantada

Te vi passando pela rua,
uma pessoa que tem mais brilho que a lua.
Cheguei perto,
e lhe perguntei se estava tudo certo.

Você disse que sim,
que foi um alívio para mim.
Criamos intimidade e lhe mandei uma cantada,
porém você estava blindada.

Com o tempo fui te conquistando,
e com pequenas atitudes te emocionando.
Ainda bem que a cantada funcionou,
e com meu amor agora estou.

Temos muito para vivermos juntos,
e esses momentos vão ser profundos.
Te agradeço pela cantada,
foi o que me deixou apaixonada.

17

Às vezes

Às vezes, temos que agradecer
por tudo que pode acontecer.
Aquilo que tu queres conquistar,
pode não ser o que precisas para alcançar.

Sempre terá um aviso quando realmente for,
e às vezes irás passar pela dor.
Mas no "final" lembrarás de tudo que passou,
vais agradecer, pois com teu esforço o destino arrumou.

Às vezes, o amor da nossa vida está na nossa frente e
não sabemos,
só que temos que falar "Eu te amo" para ele antes de
morrermos.
Assim podemos ser felizes e vamos brilhar,
se você fizer o certo, naquele belo lugar vai estar.

Momentos podem passar voando,
e o melhor desses momentos é estar amando.
Às vezes temos que aprender que nem tudo são flores,
além do mais na vida vamos ter algumas dores.

18

Te esquecer

Ah, como é bom ficar uns minutos sem pensar em você,
será que sou capaz de o esquecer?
A coisa é um pouco complicada,
e acontecerá na hora marcada.

Mas pensando em todos esses anos que se passou,
um pingo de amor restou?
Acho meio difícil,
porque aconteceu aquela coisa horrível.

Tenho que te superar,
sair, me distrair, pegar um ar.
Quando isso acontecer, eu vou sorrir,
porque aquele sentimento me deixou ir.

Seria mais fácil te esquecer,
se eu não tivesse a obrigação de contigo conviver.
Finjo que não ligo, enquanto meu coração bate mais forte
quando te vê.
Ainda não tive coragem de perguntar para ele o porquê.

19

Aquela pessoa

Todo mundo tem aquela pessoa
que só de chegar perto o coração já bate à toa.
Só de ter aquela pessoinha já faz diferença,
e essa grande diferença é o que compensa.

Aquela pessoa que te socorreu,
foi depois disso que você entendeu.
Entendeu que vale a pena tudo que viveu,
ela estava ao seu lado e a mão te estendeu.

Mesmo que alguma coisa mude,
ela não é a pessoa que te ilude.
Olhe para o céu,
e imagine o chão sendo apoiado por aquele lindo véu.

Sempre vou te dar amor,
e às vezes esse amor virá representado por um buquê de flor.
Você foi aquela pessoa que melhorou minha vida,
como também me fez perceber que não vale a pena ter recaída.

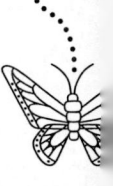

20

Um dia de cada vez

O que você comigo fez,
vai voltar para ti de vez.
Então pratique a bondade,
pois naquele coração o amor arde.

Um dia de cada vez,
porém não pense só no talvez.
Tudo no seu tempo com você crendo,
esqueça as coisas ruins e pare de ficar remoendo.

Viva o hoje com a fé,
e se mantenha de pé.
Aquele sonho vai acontecer,
só não pode deixar de crer.

Amanhã você verá
que algo melhor acontecerá.
Um dia de cada vez,
deixe de lado a rudez.

21

Te encontrar

Tu não foi de achar,
foi uma luta para te encontrar.
Tudo acontece no momento certeiro,
tu deverias ter sido o primeiro.

Deverias ter sido o primeiro, pois assim eu não sofreria,
e desde minha primeira paixão até agora contigo estaria.
Para mim és meu tesouro
que vale mais que o puro ouro.

Vamos supor que eu não tenha te encontrado,
acho que meu coração estaria preocupado.
Iria sorrir, mas não pelo meu belo motivo,
ainda bem que Ele tem me ouvido.

Eu quero contigo sonhar,
e quando acordar, do seu lado quero estar.
Você tem o poder de me fazer soltar um sorriso bobo do nada,
é uma coisa espontânea que me deixa fascinada.

22

Amanhecer

Se te deitas triste ao amanhecer, tudo pode melhorar,
e se quiseres que melhore mesmo, só basta orar.
Expulsa todo sentimento ruim de dentro de ti,
relembra de tudo de bom que tem para si.

Quando amanhece, há aquela luz reluzente,
que é o que te deixa mais contente.
Há ainda aquela luz no fim do túnel, confias?
Amém que sua felicidade está esbanjando que nem sabe
onde enfia.

Lembre-se que quando amanhecer, tem que anoitecer,
vamos passar por provas que não vamos compreender, mas no
final vamos vencer.
Vão haver dificuldades,
mas sempre aparecerão as verdades.

Olha para o céu e admires a perfeição,
deveríamos fazer isso todo dia para virar uma tradição.
Não deixes que a tristeza bata à tua porta,
terás sempre uma melhor proposta.

23

Bobeira

Deixa de bobeira e vem me abraçar,
não existe alguém melhor para me ajudar.
Eu estou contigo, pode acreditar,
e de tudo bom te fazer lembrar.

Não escute opinião alheia,
senão isso nos baqueia.
Se for pra se estressar,
se estresse com o tanto de carinho que quero te dar.

Fico feliz por aproveitarmos cada segundo,
largue a bobeira e vem aproveitar o mundo.
Aproveite coladinho comigo,
pois amo ficar desse jeito contigo.

Esquece tudo de ruim,
e se eu não estiver por perto, aproveite o bom por mim.
Ainda bem que não deste ouvidos àquela bobeira,
mas continuaria te amando de qualquer maneira.

24

Palavras

Tome cuidado com as palavras,
elas podem deixar o coração e mais coisas machucadas.
Com poucas delas você pode fazer o dia de alguém melhor,
que tira a sensação de desespero, que é o pior.

Uma palavra de incentivo para quem estava precisando,
ou uma ajuda para quem estava clamando.
Podemos ver que as palavras têm poder,
e quando falamos com fé, é o que faz acontecer.

Se já falou alguma frase que o fez perceber o arrependimento,
peça perdão naquele momento.
É como se diz: "Tudo que vai volta"
então espere esse algo à sua porta.

Solte palavras do bem,
mas não somente para quem lhe convém.
Quem está quieto talvez possa estar precisando,
você pode estar ajudando.

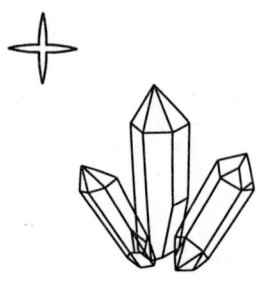

25

Estúpido

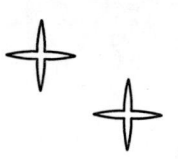

Quando você o vê, já retorna à sua cabeça o tanto que
ele a magoou,
e se sente livre, pois foi o máximo que aguentou.
Ele lembra de todo mal que a fez,
mas quebra a cara, pois viu de perto o quanto seu esforço a
ajudou a crescer de vez.

Ele sabe que foi um vacilão,
e perdeu um tesouro que guardava no coração.
Quando lembrar de estúpido, lembre-se dele,
que do seu lado não se manteve.

Tem uns que têm o tesouro na mão e não sabem aproveitar,
saiba que ele perdeu uma mulher com a beleza mais profunda
que a do mar.
És uma menina preciosa,
mesmo sendo um pouco geniosa.

Ele foi tão estúpido por perder este mulherão,
esqueça dele e vá aproveitar o verão.
Tem muita coisa boa para acontecer,
não deixe nada a entristecer.

26

Naquela rua

Há poucos dias naquela rua contigo esbarrei,
foi aí que me encantei.
Você me ajudou,
e disse: "Se precisar de ajuda, aqui estou".

Dizem que não existe amor à primeira vista,
tu foste a exceção, acreditas?
Não foi pela sua beleza, foi pelo jeito que me tratou,
me deu todo o apoio, e foi o que somou.

Quando passarmos por esta rua, sempre vamos lembrar,
do dia que um esbarrão fez o nosso amor encontrar.
Até hoje, uns não acreditam na história,
mas está guardada na nossa memória.

Temos tanta coisa em comum,
às vezes nos tornamos só um.
Acho que o esbarrão foi uma queda boa para nossas vidas,
a partir dali nos mantemos com as mãos unidas.

27

Pra sempre

Quando te encontrei,
confesso que ficar contigo imaginei.
Só não sabia que faríamos planos,
que é algo que amamos.

Agora pra sempre quero ver seu brilho esplandecer,
e caso seja necessário o nosso amor fazer renascer.
Para sempre vou te amar,
e farei de tudo para esse amor não mudar.

Olhei para o céu à noite, e me passaram várias memórias,
e lembrei que já tivemos várias vitórias.
Me pego imaginando nosso futuro,
mas não se sinta inseguro.

Para sempre com você vou estar,
mesmo que não estejamos no mesmo lugar.
Sempre vou querer tu do meu lado,
que é meu canto mais aconchegado.

28

Te quero

Eu já te disse e vou repetir,
te quero pra sempre e sou capaz de cumprir.
Desde aquele instante, você me encantou,
lhe quis mais ainda, quando sua voz para mim ecoou.

Eu tenho tanto pra lhe falar,
ainda bem que meu amor tem paciência para escutar.
Vou te querer cada segundo ao meu lado,
e que aconteça o esperado.

Contigo te quero e quero estar,
e vamos viver aventuras que vai ser prazeroso de contar.
Acho que independente das brigas vamos sempre nos amar,
entendemos que mesmo com isso um com o outro
vamos contar.

Ficar com você para mim é o melhor,
se não está do meu lado para mim é o pior.
Vou lhe falar todos os dias o quanto a vida foi boa comigo
por me dar a oportunidade de aproveitar belos
momentos contigo.

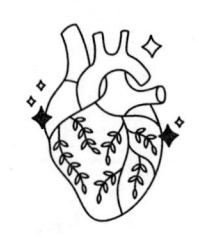

29

Direção

Às vezes nos sentimos perdidos e não sabemos o caminho que
devemos seguir,
fecha os olhos e deixa Deus falar para ti como deves agir.
Você irá se perder,
porque nem tudo é fácil para acontecer.

Irá passar por provas,
e no final Ele recompensará suas horas.
Para pegar a direção correta, siga seu coração,
provavelmente, ele não te deixará na mão.

Chegarás ao seu destino que seguiu na direção correta,
e a porta para recompensa estará aberta.
Passou por muita ventania,
mas foi o sol sua melhor companhia.

Fique feliz, pois passou por muitas coisas complicadas,
mas suas forças foram renovadas.
Agradeça que sua cor está viva como antes,
e faça da felicidade e da luz suas amantes.

30

Girassol

O girassol é um exemplo lindo para ser seguido,
foge da escuridão e procura luz para continuar sorrindo.
Uma flor rara de encontrar em uma plantação,
quando se acha, é aquela emoção.
Precisa de cuidados maiores,
e agradece pelos melhores.
Como todas as outras precisam ser regadas, ela também,
mas somente se for feito por um coração do bem.

Escuridão e luz, tudo na medida certa,
é assim que ela se mantém aberta.
Abertas para novos destinos e horizontes,
junto com sua força ela cresce em vários montes.

Age na tua vida como se fosses essa flor encantadora,
e aceita assim que no brilhar és vencedora.
Vai ser só uma fase,
mesmo que seja difícil, faz parte.

31

Atitude

Se tens medo, deixa ele de lado,
deixa a atitude ser seu convidado.
Necessitamos dela para nos encorajar,
ela que nos faz chegar aonde deveríamos estar.

Tenha ela para um sonho realizar,
tenha ela para algo falar.
Sem podermos expressar o que realmente sentimos,
onde nós estaríamos?

Tenha atitude para chegar na pessoa que ama,
vá atrás e levante-se da cama.
Se não tiver coragem,
vá com calma e veja como vocês interagem.

Precisamos ter,
para a pessoa logo perceber.
Se não falar,
como ela irá adivinhar?

32

Tão linda

Ó menina, como és linda,
vou ter a chance de ficar contigo ainda?
Não é sua beleza exterior,
é o sentimento de amor.

Tão linda, fico triste, pois não sei se tenho coragem de em
ti chegar,
será que iria me amar?
Seu jeito me encantou,
seu brilho me iluminou.

Te observava fazia uma eternidade,
e nem tínhamos amizade.
Era minha paixão,
ela se intensificou quando segurei sua mão.

Era paixão, em amor se transformou,
e tudo de ponta a cabeça virou.
Ainda bem que o nosso amor deu certo,
e de todo mal está liberto.

33

Fica

Fica comigo ao meu ladinho,
porque quero te fazer carinho.
Quero que sinta meu coração acelerado,
só por você estar ao lado.

Se quiser se afastar,
eu não vou te obrigar a ficar.
Mas, meu coração bobo é sentimental,
à sua falta, ele fica mal.

Fique perto para não perdermos nossa felicidade,
e junto não perdermos nossa liberdade.
O universo, provavelmente, fez a bela união,
e que nos manteve na mesma posição.

Você prometeu ficar até o fim,
mas não terá fim, manteremos nosso Sim!
O amor nos acolheu,
e até depois do Sim permaneceu.

34

Baixinha

Ih, agora vou falar dela, viu?
Se prepare, pois ainda não ouviu.
Baixinha, arretada,
pra ela não tem hora errada.

Fica brava quando falam assim,
ela pensa: "Estão zoando de mim".
Mal sabe que querem ela por perto,
mas isso de estarem zoando é uma visão errada, correto?

A intensidade que ela ama é o triplo do seu tamanho,
e falar isso para ela entender é estranho.
Pra ela, ela paga de durona,
com os de verdade ela é babona.

Tudo nela é perfeito,
e o que mais chama atenção é o seu jeito.
Ela é baixinha,
e pra fechar é só minha.

35

Proposta

A proposta que pode tudo mudar,
não é fácil de achar.
Mas, a dívida vem atrás,
e agora o que se faz?

Tome a decisão,
não vá por impulso do coração.
Se for pra ser, será,
e a certa continuará.

Ela é teu sonho?
Pois é isso que te proponho!
Vai haver várias,
você fugirá das contrárias.

Corra atrás,
e depois não falarás o "Mas".
Com a aceitação da proposta certa,
sua porta para o sonho estará aberta.

36

Seu sorriso

Com aquele sorriso você foi chegando,
parecia estar se achando.
Não fui muito com sua cara,
mas depois pedi para se tornar minha joia rara.

Tu sentaste ao meu lado,
todo descolado.
Esse foi meu erro de deixar se aproximar,
não imaginaria que aquele sorriso me faria apaixonar.

Tentei manter em segredo para ninguém descobrir,
porém só de tu chegares perto eu não parava de sorrir.
Aquele sorriso bobo que eu não entendia,
se descobrissem, o que aconteceria?

Um dia não aguentei, tive que contigo falar,
mesmo que dissesse não, teu sorriso iria admirar.
Quem diria que um sorriso faria nossa história,
e com base nele construímos nossa trajetória.

37
Só hoje

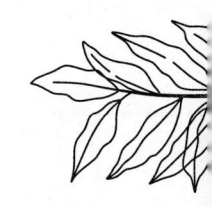

Como posso pensar tanto numa pessoa só,
de tanto que eu penso, meus amigos têm dó.
Só hoje tu me fizeste muito feliz sem saber,
se vieres ficar comigo, terás muito amor a receber.

Queria que o que eu penso contigo fosse se realizar,
assim terias muitas vitórias para contar.
Só hoje parei cinco vezes e pensei: "Será que ele tem três minu-
tos para lembrar de mim?"
Tomara que seja um positivo Sim.

Tenho que raciocinar,
hoje iria me amar ou odiar?
Saiba que a maioria do meu tempo penso se você está bem,
espero que esteja no seu momento zen.

Só hoje falei na minha mente que te amo várias vezes,
gosto e amo-te faz meses.
Torço para que tudo dê certo,
e vou ser esperto.

38

Distância

Sinto-me vazio com a distância entre a gente,
vamos quebrar isso, e ficaremos contentes.
Às vezes é bom tê-la,
mas se torna ruim deixar permanecê-la.

Demorou muito para te encontrar,
a distância não conseguirá nos separar.
Nosso amor é mais forte, meu amor,
e não passaremos por aquela mesma dor.

Me pego olhando para o nada e pensando em você,
o bom é que consegue me compreender.
Você me diz que queria segurar minha mão,
é um desejo do nosso coração.

A distância pode não ajudar muito,
mas se tivermos perseverança, estaremos juntos.
Quando o vir, no seus braços vou me aconchegar,
e o nosso amor com certeza irá aumentar.

39

Chorar

Hoje tentei segurar,
mas a solução foi chorar.
Tudo parece que vai dar errado,
quero que esse pensamento seja encerrado.

Esse sentimento é ruim,
eu não quero que ele permaneça em mim.
Mas chorar,
pode aliviar.

Jogue para fora tudo que não te faz bem,
e mantenha os bons que te convém.
Deixe a lágrima cair,
logo depois o sorriso irá vir.

Não tenha medo de mostrar para os outros aquela sua fraqueza,
todos têm muitas para se pôr na mesa.
Procure alguém para desabafar.
mas que não seja qualquer pessoa de qualquer lugar.

40

Aquela tristeza

Vou tentar te explicar,
vai ser difícil superar.
Não vou te obrigar a ficar,
você fica onde quer estar.

Aquela tristeza você deixou,
e junto meu coração quebrou.
Vivemos tantas coisas boas juntos para você ir,
espero que o melhor esteja por vir.

Não vou lhe desejar o mal,
quero que nós dois tenhamos uma vida normal.
A tristeza vai demorar pra ir embora,
pra tudo tem sua hora.

Mas que a tristeza caia de vez,
e iremos lembrar de tudo que vivemos talvez.
Não será uma despedida,
vou lhe ver crescer na vida!

41

Mar

Seja como o mar,
profundo e lindo para admirar.
Tenha suas riquezas,
mesmo que elas estejam nas profundezas.

Tome cuidado com os perigos,
mas não deixe de explorar os lugares merecidos.
Não tenha medo,
ainda está muito cedo.

A maré pode estar agitada,
mas quando passar, terá sua meta alcançada.
Terá que pular ondas difíceis para se salvar,
com o foco conseguirá superar.

Do mar tem-se uma visão linda,
e é porque não se juntou com o pôr-do-sol ainda.
Tenha o sentimento profundo igual ao mar,
ele tem muito para ensinar.

42

Luar do sertão

No sertão te encontrei,
mais ainda te amei.
Te convidei para admirar o luar comigo, juntinho,
apertei tua mão, e senti mais carinho.

Você aceitou,
comigo aproveitou.
Junto com o luar, admiramos as estrelas,
me fez uma surpresa com um jantar à luz de velas.

Devemos fazer com que nosso amor que seja iluminado,
igual ao luar que todo esse tempo temos admirado.
Será que um simples eu te amo é pouco?
Não deixe esta dúvida se tornar um sufoco.

Tu és especial,
não existe outro igual.
Juntou com o luar do sertão,
me apaixonei mais por ti então.

43

Decepção

Como esquecer?
É difícil acontecer.
Tinha que acontecer comigo
pra ficar esperta contigo.

Me fez perceber que não é fácil vencer uma decepção.
Não teve dificuldade para tu que quebraste meu coração.
Mas, é seguir,
e o coração reconstruir.

Quem contigo fez,
não terá vez.
Por isso, não cries muitas expectativas,
mas mantém tua fé e razão garantidas.

Desejo que essa decepção volte para você,
pois está sendo difícil esquecer.
Que você venha a ser feliz
do jeito que eu sempre quis.

44

Seu perfume

Me atraí pelo seu cheiro,
e de conjunto pelo seu jeito maneiro.
Seu perfume é único, entende?
quero senti-lo muito mais, compreende?

Numa quarta,
tive a coragem de te perguntar onde comprava.
Acho que viciei,
me ferrei.

Seu perfume tem um cheiro incomparável,
se tornou memorável.
Lembro de tu, lembro de tu, lembro da tua fragrância,
querer o estoque para mim seria arrogância?

Ficou sabendo que amei seu cheiro e começou a provocar,
mas mal sabia você que eu iria amar.
Ó trem complicado é esse seu perfume,
agora vou pará-lo de sentir para voltar ao costume.

TALITA FERNANDES

45

Impossível de entender

Tive que parar para entender,
como pude gostar tanto de você sem você merecer?
Foram anos,
mas gostar tanto assim não estava nos meus planos.

Se fosse gostar, eu ia aguentar,
só que meu erro foi te amar.
Você nunca ligou,
foi o que magoou.

Para não ficar com o sentimento guardado, resolvi lhe dizer,
porém você não foi capaz de compreender.
Se afastou,
e nossa amizade esfriou.

Depois disso tudo, ainda continuei te amando,
meus amigos ficavam bravos e perguntavam até quando!
Hoje percebo que foi o primeiro amor adolescente,
que para si é difícil de entender o que se sente.

46
Ilusão

Foi errado eu ter imaginado aquela cena,
de mim tenho até pena.
Ilusão de imaginar um pedido,
que no final não será concedido.

Quanto mais lembro, mais me dói,
e isso destrói.
Tive que colocar na cabeça,
"Vá procurar e encontrar algo bom que mereça".

Não vivas na base daquela ilusão,
ela não vai o ajudar a levantar do chão e pode quebrar
seu coração.
Se vires que realmente vale a pena, persiste,
se a pessoa não der a mínima, desiste.

Lá na frente, você verá quem realmente se importa,
e os que ficaram, quando o virem triste, o confortam.
Aquela ilusão talvez foi para você ver quem são os verdadeiros,
e dê seu amor para aqueles que merecem ser herdeiros.

47

Ninguém

Quanto mais penso, mais parece que as pessoas não se
importam,
mas tem aqueles que ainda me confortam.
Enquanto você pensa que ninguém lembra de você,
tem uma Pessoa que tenta te esquecer.

Não confie em ninguém,
somente naqueles que você tem certeza de que querem seu bem.
São poucos,
são verdadeiros e loucos.

Não deixe sua felicidade na mão de ninguém,
se a pessoa realmente quer fazê-lo feliz, deixe também.
O ensinamento que tivemos é não depender,
dependa somente do essencial para viver.

Viva sua vida sem depender das pessoas,
foque nas situações e coisas boas.
Ninguém pode mudar seu jeito,
se sentir que precisa mudar, mude por respeito.

48

Beleza negra

Tu és aquela morena,
morena gata, linda, pequena.
Tua beleza é ofuscante,
viver momentos com você é gratificante.

Tudo em você é perfeito,
denuncie o preconceito.
Não que falem da tua essência,
passa por coisas difíceis para sua sobrevivência.

Cabelo volumoso,
não tenha vergonha, pois é glorioso!
Menina mulher
que sabe o que realmente quer.

Linda beleza negra,
que não precisa de regra.
Seja feliz,
mesmo com aquela cicatriz!

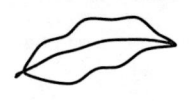

49

Vilão

Pra você eu fui o vilão,
pois o pouco que nos conhecemos não cuidei do seu coração.
Está certa,
de razão está coberta.

Meu erro foi não te cuidar,
se eu fizesse o certo, até hoje irias me amar.
Todo dia lembro,
te perdi naquela noite de dezembro.

Por que fui tão idiota?
Hoje estás feliz com outra proposta.
Fui o vilão,
realmente hoje eu admito então.

Pena que isso não vai fazer o tempo voltar,
se estivesse contigo, te amando, mais feliz ainda iria estar.
Perdi a chance
de contigo viver um verdadeiro romance.

50

Passado

Não viva do passado,
lembre-se das recordações boas que ele deixou marcado.
Conte para quem pergunta tudo que passou,
vão admirá-lo e você irá falar "De pé estou".

Se pensar demais, acabo me emocionando,
minha vitória estou comtemplando.
Até aqui cheguei,
e mais na frente, com a mesma garra estarei.

Tem uns erros que às vezes queremos consertar,
não é possível, pois o que passou não é capaz de voltar.
Tente consertar no hoje, no agora,
se não der certo, deixe o erro para fora.

Não deixe tudo memorável,
vai haver algo que não é saudável.
O passado é um aprendizado,
nele sempre vai haver algo marcado.

51

Não, coração

Coração, você tem que compreender,
não posso sempre fazer seu querer.
Já disse; "Não, coração",
mas continua na mesma ilusão.

Foque na amizade,
ela que não vai fazê-lo sofrer na verdade.
O "Não, coração" você já tem,
e é para o seu bem.

Vários nãos ele vai ter que escutar,
uns vão ser para o seu bem, outros para o mal, tem que ser
capaz de separar.
Tive que dizer "Não, coração" para aquela paixão,
depois de um tempo, me ergui e levantei do chão.

Às vezes, temos que dizer Não para o que queremos,
e um Sim para o que realmente merecemos.
Vou focar as coisas mais importantes,
espero que elas não estejam tão distantes.

52

Nosso amor morreu

Infelizmente, foi o que aconteceu,
nosso amor morreu.
Se desgastou,
tentamos novamente, mas do mesmo jeito ele não ficou.

Vamos ter nossas lembranças,
e talvez bata a insegurança.
Olharemos para trás e vamos pensar como isso ocorreu,
pensamos, pensamos, e nada se esclareceu.

O tempo que vivi com você, esse amor,
ele manteve viva a cor.
Tudo tem um fim,
e esse fim foi ruim para mim.

Cada um tem sua vida,
com muita coisa envolvida.
Mas, agora não há nada a se fazer,
somente deixar acontecer.